Cultura Ciudadana

Rafaela Ariza Vivero

Publicado por
D'har Services
P.O. Box 290
Yelm, Wa 98597
www.dharservices.com
info@dharservices.com
dharservices@gmail.com

Derechos de autor © 2013 Rafaela Ariza Vivero

Carátula© Xiomara García

ISBN-13: 978-1-939948-09-0

AGRADECIMIENTOS

A mis padres: Augusto César y Carmen Alicia, por la educación, dedicación y amor que me brindaron.

A mis tíos: Víctor y Cecy, por los principios que me enseñaron.

A mis hijas, hijo y nietos, a través de su gran amor aprendí a ser responsable.

A mis hermanos por todo el aprecio que me tienen, en especial a Martica y Ernesto por confiar en mi capacidad.

Al Doctor Elías Bechara Zainúm, porque de él, aprendí a tener un espíritu emprendedor.

A Don Abraham Ganem, por la amistad que ha brindado a mi padre desde siempre.

A mi amiga Bélgica Sibaja.

Confiar en Dios y en todas las personas que me rodean, son los que me impulsan a seguir adelante.

"Soy maestro porque me encanta aprender. En realidad me mantengo vivo como maestro, solamente mientras sigo aprendiendo. Uno de los mejores descubrimientos de mi vida profesional, es que enseño mejor no lo que sé, sino lo que quiero aprender".

PETER BEIDLER

ÍNDICE

PRÓLOGO

El texto CULTURA CIUDADANA, constituye un importante aporte a las comunidades, sencillamente porque la verdadera grandeza de los seres humanos está en el aporte que permanentemente puedan hacerle al desarrollo de sus pueblos.

El comportamiento humano, analizado desde la familia, supone una serie de actitudes, todas ellas encaminadas hacia la construcción de la paz, que se pueden aplicar a las relaciones grupales y los resultados siempre serán positivas para las comunidades.

Las vivencias mostradas en el libro intentan construir, como cultura ciudadana un modelo educativo que formará a los habitantes de las ciudades preocupados por el crecimiento, el buen comportamiento, las buenas relaciones, el desarrollo de la comunidad y sobre todo, la Paz de la Nación.

Este gran esfuerzo realizado por la trabajadora social y educadora Rafaela Ariza Vivero, refleja el interés de una ciudadana que hace patria enseñando los valores básicos que hacen a los hombres seres felices, libres, capaces de disfrutar la vida, de vivir en la democracia sana y participativa que nos rige en el amor y la concordia.

GINNA MORELO MARTÍNEZ

IX

INTRODUCCIÓN

Existen temas muy conocidos, tratados y divulgados, pero por tal motivo a ninguna hora hacen daño, antes por el contrario, se recalca sobre la necesidad de los mismos, como es el caso de los valores humanos.

Todo cuanto hagamos en este sentido es bien recibido por la niñez y los jóvenes especialmente. Antes nuestra educación recibida en hogares y escuelas se fundamentaba en dos obras esenciales: la cívica y la urbanidad, con estas materias sin lugar a exageraciones se forjaron excelentes generaciones, buenos hijos y ciudadanos ejemplares. Tenemos que volver a revivir esta clase de docencia. Y es tanto este deseo, que la mayoría de padres de familia y ciudadanos de bien a diario, de una manera u otra, en libros, folletos, cartillas, conferencias, artículos periodísticos, así lo expresan.

En este sentido, no puedo dejar pasar por alto hacerle un comentario sincero, breve y sencillo, a la obra literaria de la autoría de la trabajadora social RAFAELA ARIZA VIVERO, a quien le doy las gracias por haberme obsequiado un ejemplar de su libro titulado Cultura Ciudadana, con el prologo de la muy conocida y prestigiosa periodista GINNA MORELO quien varias veces ha sido galardonada con premios de periodismo. El texto al cual me refiero es de 87 pág. Un verdadero aliento moral y constitutivo de nuestra población educanda; la autora al hacer esta obra, ya había entendido y estaba concientizada que la grandeza de los seres humanos estriba en vivir permanentemente en acción de formarse a sí mismo y superar sus vacíos y limitaciones naturales. En su obra, hace énfasis en las virtudes y valores humanos, casi desaparecidos, que hay urgente necesidad de rescatar y dice:"en el medio que vivimos estamos vinculados diariamente con la radio, la televisión, los periódicos, internet, los sucesos y hechos cotidianos, que muestran aspectos negativos de la realidad actual, como los robos, los asesinatos, la drogadicción, el secuestro, la violencia física y psicológica", "...es necesario que los niños(as), y los jóvenes enfrenten y valoren estas situaciones. Estas valoraciones son los mayores recursos para el desarrollo de los valores, pues no estamos formando personas indiferentes, sino personas capaces de optar algo para la transformación de la sociedad".

Del texto que en el momento ocupa mi mente, puedo decir: que la autora está muy bien documentada y nos da un verdadero compendio de sus investigaciones y vivencias; de manera que, gratamente complacidos, le damos la bienvenida a Cultura Ciudadana y nuestros calurosos aplausos a RAFAELA ARIZA VIVERO, por sus acertados logros literarios en beneficio de la niñez y la juventud.

PABLO EMILIO HOYOS

PREÁMBULO

"Siembra un acto y tendrás una costumbre; siembra una costumbre y tendrás un carácter; siembra un carácter y tendrás el porvenir entero de un individuo".

JORGE DUQUE LINARES

¿QUÉ VALORAMOS?

En el medio que vivimos estamos vinculados diariamente con la radio, la televisión, los periódicos, los sucesos o hechos cotidianos, que muestran aspectos negativos de la realidad actual como los robos, los asesinatos, la drogadicción, el secuestro, la violencia física y psicológica etc.

Es necesario que los niños y los jóvenes enfrenten y valoren estas situaciones.

Estas valoraciones son los mayores recursos para el desarrollo de los valores, pues no estamos formando personas indiferentes sino personas capaces de optar o aportar algo para la transformación de la sociedad.

CONSIDERACIONES GENERALES

La urbanidad es el conjunto de reglas que debemos observar para poner de manifiesto nuestra educación en sus diferentes aspectos. La urbanidad nos enseña a ser atentos, respetuosos, corteses, afables, limpios, ordenados, dignos y merecedores del aprecio general. Por urbanidad llegamos a ser decentes en todos nuestros actos aunque seamos pobres y pocos instruidos, con las relaciones humanas se desarrollan fuentes de comprensión y armonía entre los seres humanos. Son una permanente actitud cordial y de servicio que nos impulsan y nos capacitan para dar y para recibir con dignidad.

LAS VIRTUDES

- FÈ
- CARIDAD
- JUSTICIA
- BUEN SENTIDO
- PRUDENCIA
- TEMPLANZA
- FIRMEZA
- SINCERIDAD
- LIBERALIDAD

- DILIGENCIA
- ESPERANZA
- VALOR
- TOLERANCIA
- CONSIDERACIÓN CON LOS DEMAS Y SUS SENTIMIENTOS.

PERSONA

Es aquel ser que vive en permanente proceso de construirse así mismo, es decir, de superar las limitaciones con que nace.

Dignidad y superación es lo que diferencia a una persona de otro ser.

LA SUPERACIÓN

Es el espíritu que nos impulsa a ser cada día mejores, a cambiar aquello que no nos gusta de nosotros mismos y a desarrollar intelectual, estética y moralmente nuestra riqueza interior.

LA DIGNIDAD HUMANA

Es el sentimiento que nos permite vernos como personas valiosas, sin importar cuán sencilla o elegante sea nuestra vida material y social.

Todos los días abundan noticias que nos hablan de homicidios, atentados y secuestros. Esto nos indica que nuestra sociedad poco a poco ha ido perdiendo el sentido y el valor de la vida humana. Se ha llegado a menospreciar tanto la vida, que incluso algunas personas tienen como oficio, matar a otras por una cantidad de dinero.

La Biblia, desde su primera página hasta la última, es un canto constante a la vida.

La vida, es considerada desde el antiguo testamento como un regalo de Dios, como la obra más perfecta de la Creación.

Dios es el origen de la vida y el Único dueño de ella. Dios nos da la vida para que hagamos un uso adecuado de ella.

Por eso nosotros debemos cuidar y amar nuestra vida y la de los demás, de modo que en la sociedad que componemos ayudemos a mantener físicamente la vida, y la dignidad de todos sus pobladores.

VALORES HUMANOS

Los Valores Humanos son cualidades de cada persona que enriquece tanto al país como a la sociedad en todo sentido. Ejemplo: La responsabilidad, el respeto, la veracidad, la honradez, entre otros.

En el mundo en que vivimos muchos de los valores humanos se han perdido. Son muchas las causas que podríamos enumerar, entre ellas la falta de solidaridad humana, que se traduce en un excesivo egoísmo o donde cada individuo en su afán de encontrar su propia satisfacción, pisotea a todos los demás sin pensar en todo el daño que puede causar.

Esta realidad debe cambiarse y por lo tanto, a continuación se exponen una serie de valores humanos para practicarlos diariamente, y así, tomando conciencia, dejar atrás el desorden, la inmoralidad y crecer, económica, política, tecnológica y moralmente, al mismo ritmo logrando mejorar nuestra sociedad.

LA SENCILLEZ

Es el valor que nos permite celebrar los propios logros, las metas conquistadas, los reconocimientos recibidos, sin olvidar jamás las limitaciones, las flaquezas y debilidades humanas que no desaparecen con la presencia del éxito, la persona sencilla recuerda que siempre queda camino por recorrer para acercarse a la antesala de la perfección. La persona sencilla sabe muy bien que sus logros no le pertenecen con exclusividad absoluta, porque están involucradas muchas personas de quienes recibió apoyo de forma directa o indirecta. La sencillez permite ser feliz y disfrutar igualmente de las cosas grandes como de las pequeñas, incluso de aquellas aparentemente insignificantes.

Reflexión: Soy yo quien necesita sencillez para aceptar errores, y mucha dedicación para corregir defectos. Soy yo el llamado a seguir un programa de mejoramiento personal y dar lo mejor de mí mismo. Hoy es el día del cambio positivo.

Me engaño para prometer un cambio para un mañana que nunca llega. **"hoy es el primer día del resto de mi vida"**. Hoy quiero dejar de ser parte del problema, y ser, en cambio, parte de la solución, en mi hogar y en mi trabajo.

Este mensaje no es sólo para este familiar o aquel amigo, es para mí, como deberían serlo todos. El cambio debe empezar por mí. ¿Cuándo? ¡**HOY MISMO!**

LA RESPONSABILIDAD

Es la facultad que permite al hombre interactuar con sus semejantes, comprometerse y aceptar las consecuencias de un hecho libremente realizado. La persona responsable es digna de todo crédito; se puede creer en ella y confiar en su palabra sin restricción alguna; sus actos responden integralmente a sus compromisos.

Siempre se esfuerza por hacerlo todo bien sin necesidad de tener supervisión, sin recibir promesas ni ser objeto de amenazas. La persona responsable cubrirá de los detalles, ofrece garantías en los procedimientos, es amiga de lo óptimo y enemiga de la mediocridad. Su actitud Jamás se limita al juicio o evaluación de los demás.

"Su meta, es la perfección"

Al delegar trabajo o autoridad, automáticamente se delega responsabilidad sin disminución de la responsabilidad por parte de quien delega. La responsabilidad es parte fundamental para triunfar en la vida. Ser responsable, es ser capaz de asumir un compromiso y cumplir con todo lo que ello implica.

LA HONESTIDAD

Es la prudencia o decencia en las cosas que se hacen o se dicen. La persona honesta gusta en todo momento de lo correcto, lo razonable, lo justo, no pretende jamás aprovecharse de la confianza, la inocencia y la ignorancia de otros. La persona honesta sabe muy bien que DAVID ofrece múltiples oportunidades de obtener dinero, títulos, calificaciones en forma fraudulenta, pero prefiere a CARLOS con honradez a pesar de que este camino exige mayores esfuerzos.

La honestidad es la demostración tangible de la grandeza del alma y de la generosidad del corazón y rectitud de los sentimientos. La honestidad es enemiga de la mentira, del hurto y del engaño, defiende a toda costa la verdad, lo que permite a quien la posee mantener la frente en alto y la mirada serena inspirando respeto.

EL RESPETO

Significa valorar a los demás, acatar su autoridad y considerar su dignidad. El respeto se acoge siempre a la verdad; no tolera bajo ninguna circunstancia la mentira y repugna las calumnias y el engaño. El respeto exige un trato amable y cortés; el respeto es la esencia de las relaciones humanas, de la vida en comunidad, del trabajo en equipo, de la vida conyugal, de la relación interpersonal. El respeto es la garantía absoluta de la transparencia. El respeto crea un ambiente de seguridad y cordialidad; permite la aceptación de las limitaciones ajenas, el reconocimiento, las virtudes de los demás, evita las ofensas y las ironías; no deja que la violencia se convierta en el medio para imponer criterios. El respeto conoce la autonomía de cada ser humano y acepta complacido el derecho a ser diferente.

LA TOLERANCIA

La tolerancia es la expresión más clara del respeto por los demás. Y como tal, es un valor fundamental para la convivencia pacífica entre las personas. Tiene que ver con el reconocimiento a los demás como seres humanos, con el derecho a ser aceptados en su individualidad y su diferencia. El que es tolerante sabe que si alguien es de una raza distinta a la suya o proviene de otro país, otra cultura, otra clase social, o piensa distinto a él, no por ello es su rival o su enemigo.

Cuando se presentan conflictos, las personas tolerantes no acuden a la violencia para solucionarlos, porque saben que la violencia sólo engendra más violencia;

prefieren dialogar con sus oponentes y buscar puntos de acuerdo. Sin embargo, debemos ser tolerantes pero no pasivos. Hay situaciones frente a las cuales nuestro deber, lejos de quedarnos callados, es protestar con energía.

Para ser tolerantes:

- Pongámonos en el lugar de los otros para tratar de entender sus problemas y su manera de actuar.
- Escuchemos sin interrumpir, y démosle a los demás la oportunidad de expresarse.
- Veamos en la diversidad de razas y culturas una señal de la riqueza y amplitud del mundo, en lugar de motivos de desconfianza.

Los tolerantes son:

- Respetuosos, amistosos, pacientes, amables, comprensivos, serenos, compasivos e indulgentes.

LA LEALTAD

Es sinónimo de honestidad y respeto. La persona leal no da jamás la espalda al amigo, por eso siempre se puede contar con ella y tener la garantía de su mano, de su consejo y de su amistad. La expresión **"CUENTA SIEMPRE CONMIGO"**, define al ser humano que la manifiesta con autenticidad, como el mejor compañero y amigo ideal.

La lealtad no da espacio a la hipocresía, porque al ser leal no puede al mismo tiempo fingir lo que no siente.

LA VERACIDAD

Es enunciar las cosas de manera objetiva y clara. La persona veraz ama la verdad, la proclama y la defiende, aún con su vida. La persona veraz no tolera mentira bajo ningún pretexto; para ella no existe la posibilidad de la mentira piadosa, ni las verdades a medias. La persona veraz, sin que le interese su procedencia, ni las circunstancias, ni sus implicaciones, sabe muy bien que hay verdades que valen la vida y que la verdad es la fuente de la sabiduría.

LA SENSIBILIDAD

Es la facultad de sentir vivamente sentimientos de humanidad. Este valor va mucho más allá de la simple facultad de sentir que tienen todos los seres humanos. La persona sensible mantiene vivo el espíritu y no deja que el corazón se entumezca, el alma se hiele, y la sangre se convierta en un simple combustible químico. Sensibilidad es por tanto comprender las necesidades básicas del hombre, tolerar las debilidades y dar el lugar que le corresponde a los sentimientos de amistad, afecto, cariño y amor que son la fuente del calor humano. La sensibilidad es un regalo de Dios, que nos permite mirar con amor al mundo; y al hombre le permite llorar, reír, estar triste, feliz, comprender el dolor ajeno, sobreponerse al propio, vivir la vida con serenidad y mirar siempre adelante.

La sensibilidad permite al ser humano estremecerse ante el amor, extasiarse frente a un paisaje, añorar una canción y soñar con un poema.

LA SOLIDARIDAD

Es el sentimiento que motiva a los seres humanos a presentarse mutua ayuda. La solidaridad dispone el ánimo para actuar siempre con sentido de comunidad; la persona solidaria sabe muy bien que su paso por el mundo constituye una experiencia, y que, por tanto, las necesidades, dificultades y sufrimientos de los demás no le pueden ser ajenos. La persona solidaria sabe que su propia satisfacción puede constituirse con el bienestar de los demás, ya que mira a cada hombre como un hermano y en cada hermano la posibilidad de crecer en el servicio y realizar su encuentro personal con los otros.

LA CORDIALIDAD

Es la amistad franca y sincera. Cordialidad viene de "corazón". Es el valor que más enriquece las relaciones interpersonales; se origina en la sencillez del espíritu, en la grandeza del alma y en la nobleza de los sentimientos. La persona cordial siempre tiene en sus labios una frase amistosa, un mensaje de afecto y en sus manos, un don, una caricia. La persona cordial mantiene un saludo amable, agradece un favor, presenta sinceras disculpas cuando se equivoca, solicita ayuda con humildad cuando la necesita y concede ayuda generosa cuando se la piden. La persona cordial siempre tiene una mano generosa para dar, sabe que una sonrisa es la tarjeta de presentación de todas las virtudes que ella tiene; es la magia y el poder para la conquista de amigos.

La sonrisa cordial y sincera **"estoy contigo"**. Recuerden que la sencillez y la cordialidad siempre van de la mano.

LA EFICIENCIA

Es la virtud para lograr algo. La persona eficiente busca siempre calidad en todas las tareas que desarrolla. La persona eficiente es dinámica, cuidadosa y pulcra; su satisfacción radica en alcanzar sus propósitos y no descansar hasta lograrlos.

Siempre está dispuesta a dar todo de sí para garantizar un logro. Una persona eficiente prefiere las soluciones en grande y sabe muy bien que para las grandes dificultades se requieren grandes soluciones y que las dificultades pequeñas deben erradicarse antes de que crezcan. La persona eficiente es estricta y sabe que las grandes metas son fruto del esfuerzo propio, que los cambios con espinas conducen al lugar de privilegio y que las dificultades son para superarlas realizando todas las actividades de la vida con fe, ya que estamos preparándonos para vivir el exigente siglo XXI.

LA SERENIDAD

Es la tranquilidad del espíritu. La persona serena mantiene el control de sus actos ante situaciones difíciles. Cuando debe enfrentar situaciones de este tipo., sabe muy bien que es precisamente la calma lo que permite mirar con mayor claridad y tomar decisiones acertadas. La persona serena sabe que es dueña del buen juicio y que en estas condiciones siempre dice lo que realmente piensa y demuestra aquello que de verdad se siente. La serenidad contagia el ambiente de cordialidad, prudencia y tolerancia. La serenidad es el fruto de la paz interior. Al tomar una decisión es indispensable mantener la serenidad y automáticamente disminuye el nerviosismo y la inseguridad.

LA INTEGRIDAD
Es pureza, sinónimo de honestidad. La persona íntegra, busca permanentemente la posición de todos los valores y los demuestra en actitudes positivas. La persona íntegra, se esmera por mejorar siempre, aprendiendo cada día de todas las cosas, porque sabe que puede mejorar, sabe que su meta es el éxito, el triunfo, lo noble, lo grande, lo humano y demuestra constantemente responsabilidad, respeto, lealtad, cordialidad, honestidad, generosidad, compañerismo, eficiencia, sencillez, serenidad, integridad y tolerancia.

LA EQUIDAD
Esa justicia natural y veraz. La persona equitativa respeta los derechos de los demás, a cada quien lo que le corresponde de una manera justa. La equidad se inspira en la tolerancia que permite aceptar a los demás con sus virtudes y debilidades, y no exigir la perfección absoluta, que es una condición exclusivamente divina. La equidad, requiere su verdadera dimensión cuando se nutre de la misericordia y recuerda que el perdón enriquece y dignifica al ser humano.

LA GENEROSIDAD
Es la nobleza de Corazón. La

generosidad es una de las actitudes más sublime y engrandecedora. La persona generosa simplemente da, entrega y comparte incluso lo poco que pueda tener. La generosidad se manifiesta de múltiples maneras: con dádivas del tiempo, amistad, bienes materiales, etc., ofrecidos de manera espontánea y alegre; la generosidad es el camino más hermoso para ganar en el reconocimiento de que todo, cuanto se es y se posee, no es una pertenencia exclusiva, es una dimensión muy valiosa cuando es compartida con otros.

EL COMPAÑERISMO

Es el arte de brindar amistad con amor. La persona que posee este valor está dispuesta a dar la mano al otro, orientarlo en sus dificultades, acompañarlo en sus penas y alegrías. El compañerismo prefiere la verdad, así duela, antes que el engaño. El verdadero compañero sabe que en muchas ocasiones es preferible detener el paso, y a veces, tomar sobre sus propios hombros la carga del otro para hacerla más liviana y aminorar la fatiga. El espíritu rebosa de satisfacción y alegría cuando el triunfo es compartido y se es coautor del éxito de los demás.

EL AMOR

Es un sentimiento que expresa

fraternidad. Es la prueba definitiva de que el hombre puede transcender el espacio y el tiempo. El amor permite compartirlo todo, a cambio de nada; permite comprender las debilidades y virtudes de los demás. El amor conquista todo con poco. El amor convierte en alegría las tristezas y en sonrisas el llanto; el amor irradia amor así mismo y a los demás. Ningún ser se niega al amor.

Es la mayor fuente de motivación, es el motor que mueve al mundo. Por amor el hombre es capaz de las más grandes cosas; con amor se logran casi los imposibles.

LA FLEXIBILIDAD

Es el poder de adaptación a cualquier situación o condición ya sea social o personal. La flexibilidad debe ser permanente en el ser humano por cuanto en la vida todo está marcado con el sello del cambio. Todo cambia excepto esta verdad. La persona flexible gana amigos en todas partes y sabe conservarlos siempre; está dispuesta a convivir con otras personas, aceptándolas tal como son.

LA CONVIVENCIA Y COMUNICACIÓN

El hombre nace en sociedad y sólo en ella puede realizarse como persona. Cada ser humano necesita de los demás para subsistir y para crecer. La convivencia es una experiencia placentera; ella permite al hombre compartir, comunicar, expresar sus sentimientos y participar sus deseos, anhelos y esperanzas. El poder dar la mano al otro es saber que siempre se tiene amigos, colegas, compañeros, hermanos y familiares con quienes puede interrelacionarse en diferentes aspectos, llena al hombre de mucho optimismo y esperanza para continuar por el camino de la vida. La capacidad de convivir y estar en comunicación, es entonces la posibilidad de crecer y permitir que otros crezcan. El crecimiento personal es proporcional a la capacidad de compartir. Una mano amiga, una actitud comprensiva, una frase optimista, son el lenguaje de la convivencia y la mejor manera de comunicarse con los demás.

LA SERVICIALIDAD

Es la disposición de servir a otros. El servicio nace del deseo de compartir, de la convicción de que sólo quien siembra cosecha, y del propósito de que la mano izquierda no sepa lo que da la derecha. El valor del servicio se apoya en la igualdad entre los hombres y el deseo sincero de hacer algo por los demás y aportar un granito de azúcar a su bienestar. Quien sabe servir sabe vivir. El servicio generoso no sólo constituye un beneficio para el otro y la posibilidad de mejorar el mundo, sino el acceso a la propia realización personal. El servicio dignifica al hombre.

EL ENTUSIASMO

Es inspiración hacia la vida. Es el sentimiento que nos ayuda a impulsar, a activar el pensamiento, la imaginación, las habilidades, las destrezas y las actitudes, para favorecer una causa o ideal. Una persona entusiasta demuestra muchas ganas de amar, de ser, de hacer y dar; en fin muchas ganas de vivir. La vida se alimenta de toda esa energía positiva que genera el entusiasmo. Si la vida es un regalo de Dios, el entusiasmo debe ser la respuesta personal por ese **Don.**

LA TOLERANCIA

Es la comprensión y el respeto hacia las maneras de pensar, actuar y sentir de los demás, así sean distintas a la nuestra. Permite a las personas ser únicos e irrepetibles que tiene derecho a sus propios criterios, juicios y decisiones; que los intereses, deseos y necesidades son particulares, que las metas, propósitos e ideales ajenos no tienen que coincidir necesariamente con los propios. La tolerancia acepta la posibilidad de los errores propios y de los demás. La persona tolerante recuerda siempre que los errores y equivocaciones tienen una esperanza, y las personas que los cometen siempre serán dignas de afecto y de respeto. La tolerancia, se encuentra en el camino que conduce a la paz, en la senda que lleva a la convivencia armoniosa y en la ruta que transporta a la simpatía, al afecto, al cariño y al amor duradero.

AUTODOMIO Y VOLUNTAD

El autodominio, permite al hombre ser dueño de sus deseos, emociones, actitudes y decisiones. Cuando el ser humano pierde el autodominio se convierte en un barco a la deriva y en cualquier tormenta puede naufragar. La voluntad es la facultad que conviene ejercitar constantemente para acrecentar su fuerza, para orientar su rectitud, y para hacerla inquebrantable. Toda meta, es posible sin las dudas, las vacilaciones, los temores; cuando hay voluntad, hay garantía para la consecución del logro de los objetivos propuestos. La voluntad y el autodominio, dan la capacidad para dominar la apatía, la pereza y el egoísmo; cuando hay voluntad hay progreso, tanto en lo espiritual como en lo material.

LA CONCIENCIA

Es la voz interior de cada ser humano que se hace presente para alabar o censurar sus actos; quien tiene una conciencia tranquila y libre de culpas, es feliz. La conciencia tiene diversas facetas que deben perfeccionarse así:

La conciencia ecológica: Actualmente la conciencia ecológica del hombre está llena de culpa debido a sus prácticas continuas y progresivas de la caza y la pesca indiscriminada, la deforestación y la tala de árboles. Los altos índices de contaminación tanto del aire, como el agua, también auditiva y visual, es lo que nos lleva al desequilibrio de los ecosistemas, dejando sentir sus funestas consecuencias como lo son el hambre, la sed, el dolor, la enfermedad y la muerte. Por lo tanto el hombre debe aprender de la naturaleza su verdad a vivir en paz con ella, como parte fundamental del existir de todo planeta.

Conciencia cívica: No hay mayor aspiración ciudadana que la de tener una patria grande. Pero la patria se construye con la democracia, las leyes y la justicia.

Conciencia moral: La moralidad de los actos humanos debe parecerse a la luz del amor; son condiciones óptimas en la familia, según el proyecto Divino.

Conciencia para la paz: Es un derecho fundamental de los hombres; por tanto, contribuir a lograrla, indica la conciencia de cada ser humano a trabajar por ella. Otorga la satisfacción del deber cumplido; la paz se debe manifestar al interior de cada persona, en la familia y en toda la sociedad. La paz empieza en cada ser humano.

Son elementos de paz:

- LA JUSTICIA
- LA LIBERTAD
- RESPETO A LA VIDA
- AMOR AL OTRO

No contribuye a la paz:

- Todos hablamos de paz y en nuestro hogar vivimos en guerra.
- Hablamos de paz social mientras odiamos al vecino.
- Proclamamos la paz mientras le hacemos la guerra al otro.
- Proclamamos la paz y no informamos con certeza.

LA DISCIPLINA

Es sinónimo de orden y obediencia, es el valor del hombre que lo lleva al triunfo. El desorden en toda actividad diaria lleva al caos. La disciplina es un orden que nos permite tener normas en la vida, las cuales no se deben quebrantar; esto es auto disciplinarse. Ejemplos: no pelear, hacer silencio en clase, prestar atención cuando alguien se dirige a nosotros, empezando por nuestros propios padres.

LA VIDA
DON ABSOLUTO DEL "SUPREMO"

Está supeditado a su valor superior y se orienta hacia El. La vida le confiere al hombre, determinar habilidades a las que, en consecuencia, denomina valores; esto equivale a decir en último término, el máximo valor para el hombre es la vida. Sólo ella le permite gozar de su propio ser y de los demás seres, proyectándose mediante actitudes positivas, aprendiendo de cada situación adversa. Para disfrutar de los triunfos de su propia realización como persona que vive como ser independiente, pero al mismo tiempo, integrado a una sociedad. La vida como un **"Don de Dios"** es la que nos consuela ante la desaparición de un ser querido, pues la fe de que existe otra vida donde nos encontraremos algún día, nos da incentivo para vivir en paz con la naturaleza y con nosotros mismos. Nada justifica quitar la vida a un ser humano para asegurar el orden, la fe, la paz o la democracia; ni mucho menos para asegurar el poder o la riqueza. La vida humana es el único valor absoluto, al que sirven todos los demás, ni siquiera es posible aceptar que la vida de uno o de varios individuos se tendrá que sacrificar en beneficio de la vida colectiva, pues ninguna colectividad ni mucho menos un individuo puede tener el dominio sobre la vida humana. La comunidad debe velar por el mejoramiento de la calidad de vida de todos y cada uno de sus miembros y nadie tiene poder de negar o limitar la vida de nadie, ya que todos valemos como seres humanos.

URBANIDAD

El hombre más humilde puede ser un caballero en sus palabras y pensamientos. Hay una nobleza y cortesía natural que consiste en la generosidad y la excelencia del alma; puede considerarse la URBANIDAD en los modales, como el último toque en el retrato de un noble carácter.

"Una conducta hermosa es preferible a una forma hermosa; produce más placer que las estatuas y los cuadros y es la más hermosa de las bellas artes".

La caridad sufre mucho y es buena: no envidia, no se vanagloria, no se enorgullece, no se conduce con indecencia, no busca su provecho particular, no se deja provocar fácilmente, no piensa mal, no se regocija en la inequidad sino en la verdad; lo soporta todo, lo cree todo, espera en todo y lo sobrelleva todo. La caridad no yerra nunca.

La persona que obra de conformidad con estas palabras, observa necesariamente una conducta más elevada.

La verdadera urbanidad cristiana es la alegría; sienta bien a los niños, a los jóvenes y a los viejos; es agradable, es la mejor compañera, pues adorna a quien la posee, más que los diamantes y rubíes incrustados en oro.

No cuesta nada y su valor es incalculable porque derrama abundante felicidad en el seno de los demás. Aspira a ser el lado más brillante de la naturaleza humana, evitando las acusaciones, siendo clemente con los juicios sobre los demás.

En la conversación, escoge motivos interesantes y no cae en pequeñeces, difundiendo las buenas palabras.

Se complace con los buenos pensamientos y suaviza por todos los medios el trato social. La alegría es la belleza personal que lo conquista todo; sin embargo nunca envejece porque no hay nada tan hermoso como la alegría de un rostro anciano.

NORMAS DE URBANIDAD

- **Don de Gente:** Arte de ser agradables en sociedad.
- **Amabilidad:** Suavidad en el trato y en la conversación, con los demás.
- **Altruismo:** manifestación del amor que sentimos por los demás.
- **Respeto:** Reconocer que todo mundo tiene dignidad.
- **Prudencia:** Saber actuar con tacto sin ir más allá de lo estricto.
- **Caballerosidad:** Cualidad humana en los hombres de generosidad y cortesía.
- **Cortesía:** Atención que le brindamos a las demás personas.

NORMAS DE COMPORTAMIENTO

El lugar donde aprendo las primeras normas de comportamiento es mi hogar; allí las practico con mi familia. Mis padres me ayudan en la buena o en la mala utilización de estas normas. El colegio, es nuestro segundo hogar, debemos guardarle el mismo respeto y comportamiento observado con nuestra familia. En él ampliamos nuestros conocimientos y reforzamos lo aprendido en el hogar. Los conocimientos adquiridos en el hogar y en el colegio los debemos practicar en cada uno de los lugares en donde tengamos oportunidad de compartir con otras personas.

Siempre que se reúnen dos o más personas, se establece una interacción al proceso de las relaciones humanas, en una fuerza activa que lleva a la creación de relaciones agradables.

Una mayor comprensión de la conducta humana, así como una buena dosis de paciencia y tacto, ayuda a establecer una buena relación humana y tienden a crear una situación de reciprocidad con los demás. Los amigos se sentirán más incriminados a ayudarle, cuando se encuentre usted en algunas dificultades y se ha llevado usted siempre bien con ellos.

Habrá menos tensiones familiares si cada miembro de la familia intenta hacer lo posible para que la vida discurra suave y felizmente.

Para la mayoría de nosotros, nuestro medio ambiente abunda en oportunidades culturales y educativas, que facilitan el desarrollo de nuestras virtudes potenciales. Lo único que se requiere es tiempo y voluntad.

Cuanto mejor conozca y comprenda su propia personalidad mejor preparado estará para orientarse a sí mismo y regular su vida.

**PRINCIPIO BÁSICO
DE LAS RELACIONES HUMANAS**

- Respeto asimismo, aceptarse, sentir que toda persona es un gran ser.

RELACIONES HUMANAS
Para decirlo sencillamente, es el arte de llevarse bien con los demás.

- Mejorar continuamente la convivencia humana.
- Ser sinceros, buscar que los demás nos traten con sinceridad.
- Aceptar las diferencias individuales tanto en el aspecto social, mental,

físico y emocional de los seres humanos.

• Entenderse así mismo y a los demás

RELACIONES HUMANAS A NIVEL PERSONAL

Se dan tres formas:

1. Relación antipática: Cuando el individuo es observado sólo por sus defectos y fallas y no es aceptado o relacionado.

2. Relación simpática: Se tiende a mirar sólo los aspectos sobresalientes de otra persona, pero se olvida parte de su personalidad.

3. Relación empática: Se busca un encuentro integral entre dos o más personas, donde se tienen en cuenta los aspectos positivos y negativos, aceptándolos en una relación comprensiva y productiva.

RELACIONES HUMANAS A NIVEL FAMILIAR

La familia es el lugar privilegiado de las relaciones humanas. La convivencia familiar es posible cuando sus miembros mantienen una relación de amor, tolerancia, humildad y deseos permanentes de cambio.

RELACIONES HUMANAS A NIVEL SOCIAL

Forman parte de nuestra vida cotidiana. Ej.: Cuando presentamos a alguien; cuando saludamos, conversamos, en fin cuando nos comunicamos o compartimos con otros nuestras comidas; en nuestro estudio, trabajo ó recreación.

SIETE REGLAS BASICAS PARA LA CONVIVENCIA

1. Aprender a no agredir a otro
2. Aprender a comunicarse
3. Aprender a interactuar
4. Aprender a decidir en grupo
5. Aprender a cuidarse
6. Aprender a cuidar el entorno
7. Aprender a valorar el saber social

NUESTRO ASEO PERSONAL

El aseo de nuestro cuerpo debe hacerse diariamente, lo cual nos proporciona salud y lucidez para nuestros oficios diarios.

Se recomienda:
- Lavar las manos con frecuencia; están constantemente expuestas a diferentes especies de bacterias que al entrar en

contagio producen enfermedades graves.

- Nunca tome los alimentos sin haberse lavado las manos.
- Usar la ropa limpia todos los días.
- El aseo de la boca y dientes debe realizarse al levantarse y después de cada comida.
- Al realizar deportes, un buen baño es necesario ya que el esfuerzo físico trae consigo sudor y malos olores.
- No escupir en el suelo.
- No emplear los dedos sin desinfectar, para limpiar ojos, dientes y nariz.

USO DEL UNIFORME

El uniforme se debe usar durante la jornada estudiantil y actividades culturales que programe la institución educativa; no lo use como traje de diario, ni otras actividades diferentes a las del colegio. Debe estar siempre limpio y completo.

EL ASEO
DE NUESTRA HABITACION

- Todos los objetos de nuestra casa deben estar siempre en perfecto estado de limpieza.
- Los pisos de todas las habitaciones deben estar limpios.
- La ropa de nuestra cama debe estar

limpia.
- Todas las cosas deben estar ordenadas en su sitio. No olvidemos que nuestra casa refleja nuestra cultura.

COMO DEBEMOS COMPORTARNOS EN CASA

- En nuestra casa debemos estar atentos a nuestro vestido, para recibir cualquier visita, y nos encuentre presentables.
- Debemos cuidar las cosas ajenas como si fueran nuestras.
- Es necesario tener todas las cosas personales en perfecto orden, no sólo para que las tengamos a nuestro alcance cuando las queremos, sino para quedar bien entre nuestros familiares y amigos.

ACTO DE ACOSTARNOS

- Por cariño, respeto y buena educación, despídete de tus padres y familiares antes de ir a dormir.
- Reza con devoción dando gracias a Dios por todos los beneficios recibidos durante el día.
- Al entrar en la cama procuremos por salud y por moral siempre usar pijama o ropa adecuada para dormir cómodamente.

- Procuremos en casa ajena y en la propia, no perturbar el sueño de los demás.
- Los ronquidos y a veces las pesadillas tiene como causa la mala posición del cuerpo, por lo tanto es aconsejable dormir ligeramente inclinados hacia el lado derecho.

EL ACTO DE LEVANTARNOS
- Acostumbra a levantarte temprano. "A quien madruga, Dios le ayuda".
- Al despertarnos, nuestro primer pensamiento debe elevarse a Dios con devoción y fervor.
- Debemos acostumbrarnos a arreglar la cama y no esperar a que otra persona lo haga por nosotros.

COMO DEBEMOS COMPORTARNOS EN LA CALLE
- No pasemos entre dos o más personas que estén conversando. Si fuera inevitable, con toda cortesía pidamos "permiso".
- Si conversas con algún amigo en la calle procura no estorbar a los transeúntes.

- No maltrates los jardines, ni pintes ni rayes las puertas y paredes de las casas.
- Se decente en tu modo de caminar y mide las palabras respecto a tus mayores, especialmente con las damas.
- Seamos generosos con ancianos y ciegos. Cuando quieran cruzar una calle llevémoslo de la mano.
- No tires papeles, ni cáscaras de frutas, ni desperdicios en la calle. Una cáscara de plátano por ejemplo, puede ocasionar una desgracia.
- Sé educado en los espectáculos públicos. El silbar o gritar escandalosamente y el insultar, no es propio de la gente culta.

DEL MODO DE COMPORTARNOS CON NUESTRA FAMILIA

- Con nuestros familiares, por el cariño que se les tiene, debemos ser atentos, delicados, respetuosos. Tengamos por seguro que estas cualidades las debemos reflejar también con las demás personas.
- Debemos ser tolerantes y prudentes; así permanecerá por siempre la cordialidad.
- Antes de entrar a una habitación, llamemos primero a la puerta para

obtener el debido permiso para poder entrar.

- La servidumbre merece cariño y respeto. Demos el trato justo a los que nos sirven. Debemos considerarlos como miembros de la familia.

MODO DE COMPORTARNOS EN LA ESCUELA

- A nuestros maestros, como segundos padres, les debemos afecto, obediencia y respeto.
- Cuando el maestro se ausenta por alguna razón de la clase, nuestro comportamiento debe ser igual o mejor. Así demostraremos lealtad y gratitud.
- Tratemos a nuestros compañeros con verdadera amistad y consideración.
- Seamos felices cumplidores de todos nuestros deberes y obligaciones; seamos alumnos modelos en aprovechamiento y conducta.

DEL COMPORTAMIENTO EN LUGARES PÚBLICOS

- Al entrar en un establecimiento u oficina, si hay varias personas, saluda en forma general y al abandonarlo despídete de la misma manera.
- Si quieres usar el teléfono por razones inevitables, ten presente que no es de tu propiedad exclusiva; se breve y no

molestes a los que trabajan con diálogos prolongados.

- Hacer muecas para limpiarse las encías o extraer de la dentadura partículas de comida por medio de la lengua.
- Separar las migajas de pan y hacer bolitas delante de todos los comensales para luego jugar con los dedos.
- Tomar la comida por medio del pan, en lugar de emplear el tenedor o la cuchara.

COMO COMPORTARNOS EN COMIDAS DE ETIQUETA Y TRANSPORTES

- Si recibes una invitación, procura llegar con unos minutos de anticipación; al ir a la mesa ofrece el brazo a las damas y siéntate en el lugar que te señalen, dando preferencia siempre a los mayores.
- Al sentarte, no lo hagas antes que los invitados de honor, ni hagas ruido con la silla. Ten presente que en esta clase de comidas dejarás sentado el grado de cultura y educación que tienes.
- Debes comportarte con naturalidad y evitar la afectación, moderado tanto en el comer como en la conversación. Piensa que la sencillez es la forma más elegante y la que revela tu mayor grado de cultura No levantes la voz ni uses

ademanes obscenos, porque ninguna de las dos acciones te da mayor autoridad o razón.

- En los vehículos públicos se atento y considerado con los ancianos y personas mayores, cediendo el asiento que ocupas si es necesario.
- Es señal de poca educación leer el periódico o libro que otra persona esté leyendo. Abstente de hacerlo.
- No fumes en los vehículos, porque incómodas y porque puedes ocasionar un incendio.

EN FAMILIA, DE LA MESA EN GENERAL

- No te sientes a la mesa antes que tus padres y de las personas que participan en la comida.
- No se debe extender los pies debajo la mesa, ni colocar los codos encima.
- Cuando lo que necesitamos no está en la mesa, jamás debemos levantarnos, ni extender el brazo por delante de una persona. Lo correcto es pedir con toda cortesía al vecino.
- Es acto de mala educación el olfatear las comidas y bebidas, como también soplar cuando están calientes.
- La cuchara y el cuchillo se manejan con la mano derecha. En cuanto al alimento no tenga que dividirse con el

cuchillo, el tenedor tan sólo podrá manejarse con la mano derecha.

- Todos los alimentos deben ser masticados con la boca cerrada.
- Es acto de glotonería y de mala educación llevarse a la boca grandes bocados de comida.
- Si hay necesidad de toser, estornudar, eructar, volvamos hacia un lado disimuladamente sin llamar la atención.

ACTOS GROSEROS QUE NO SE DEBEN REALIZAR

- Abrir la boca y hacer ruido al masticar.
- Dejar en la cuchara una parte del líquido que se ha llevado a la boca y vaciarla luego al plato.
- Sorber la sopa y los líquidos calientes.
- Suspender el plato de un lado para poder acabar con el contenido.

EL SALUDO

Es una expresión de respeto y cordialidad.

- El saludo debe ser atento para con los superiores, amistoso con los iguales y afable para con los inferiores.
- Cuando estrechas la mano de una dama, la de un superior, debes hacer

simultáneamente una inclinación en señal de respeto. El saludo debe ser cálido y modesto. Ej. Buenos días señor, señora, señorita, doctor, etcétera.

DE LAS VISITAS
Las visitas son indispensables para el cultivo de la amistad.

- Debemos visitar periódicamente a nuestros amigos, sea para felicitarlos por algún motivo, ósea para despedirnos si nos vamos a ausentar; para agradecerles algún favor que nos han dispensado, o para darles el sentido pésame por alguna desgracia acontecida. En todo caso para mantener nuestra amistad.
- Cuando nos encontramos de visita en una casa y entra otra persona, nos pondremos de pie y no tomaremos asiento hasta que aquélla no lo haga.
- Debemos ponernos de pie al despedirse otra visita.
  Asume responsabilidades:
- Coopera en toda actividad con amor y entusiasmo.
- Cuida del medio ambiente.

USO ADECUADO DEL TIEMPO LIBRE

Tener tiempo libre...

- No es... dar rienda suelta a la pereza. Es... planear el trabajo diario.
- No es... dormir en exceso. Es... cambiar de actividad.
- No es... Dedicarse a lectura frívola y sin contenido. Es... Leer libros interesantes.
- No es... Apasionarse por juegos de azar. Es... Realizar actividades de tipo familiar.
- No es... Automatizarse. Es... Recrearse.
- No es... Caer en rutina. Es... Hacer deporte.

MEJORE SUS HÁBITOS DE ESTUDIO

Se recomienda:

- Adapte su sitio de trabajo lo más cómodo posible.
- Tenga a la mano los materiales de estudio.
- Concéntrese en lo que hace.
- Tome pequeños descansos mientras estudia.
- Consulte a varias fuentes sus tareas. Ej.: Libros, enciclopedias, vídeos, CD, etcétera.
- Sea amigo del diccionario.
- Autoevalúese a conciencia.

EN CLASE Y EN EL LABORATORIO

- Escucha con atención al maestro y a tus compañeros.
- Participa en las discusiones de clase.
- Presenta tus dudas.
- Llega con el equipo necesario, como son libros, lápices, cuadernos, etcétera.
- Toma nota con tus propias palabras, en tu agenda o en tu cuaderno de apuntes.
- Respeta tus compañeros y profesores y mantén siempre la disciplina.

FUERA DE LAS AULAS Y/O DEL COLEGIO

- Mantente en forma, duerme bien, haz ejercicios para tu salud y cuida tu alimentación.
- Dialoga con otras personas sobre temas importantes.
- Escucha con atención a las personas que pueden ampliar tus conocimientos.
- Diviértete sanamente.
- Debes estar orgulloso de tu trabajo en el colegio.
- Sé cortés dentro y fuera de clases.
- Auto disciplínate.
- Demuestra respeto por los demás en el colegio y fuera de él.
- Respeta las instituciones escolares.

ORACIONES

PADRE NUESTRO

Padre Nuestro que estás en el cielo, Santificado sea tu Nombre, venga a nosotros Tu Reino, hágase tu Voluntad aquí en la tierra como en el cielo. Danos hoy nuestro pan de cada día, perdona nuestras ofensas como también nosotros perdonamos a los que nos ofenden, no nos dejes caer en la tentación y líbranos del mal. Amén.

DEL MAESTRO

Señor: Concédeme poseer la ciencia necesaria en mi profesión para ser competente en el arte pedagógico, enseñar a vivir unidos a los alumnos con el vínculo de la caridad, a respetar a sus padres, a estimular sus cualidades personales de estudiante y a saber orientarlos en su educación con el consejo y amistad. Dame un espíritu abnegado para que yo testimonie con la palabra y con la vida al único maestro que eres tú, Cristo.

Tú que vives y reinas por los siglos de los siglos. Amén.

DEL ESTUDIANTE

Señor: Recuérdame con frecuencia la obligación que tengo de estudiar; Hazme responsable; santifica mi trabajo de estudiante; que prepare bien mi misión en la vida. Es agradecer el privilegio de poder estudiar; que me capacite a conciencia; que haga rendir mi juventud; que haga una buena sementera en mi inteligencia; dame humildad para echarme en cara la negligencia con que cumplo a veces mis tareas; dame valentía y constancia para aprovechar todos los instantes en el estudio. Enséñame a estudiar con método, a leer con reflexión, a consultar a los que saben más, para el día de mañana, ser útil a mis hermanos y un verdadero orientador con humildad. Amén.

PARA DAR GRACIAS A DIOS

Dios, fuente de todo bien, consideramos como dones de tu Bondad a todo lo que somos y tenemos; enséñanos a reconocer siempre tus beneficios a amarte con sincero corazón y con todas nuestras fuerzas por Cristo Nuestro Señor. Amén.

Lo que nos hace grandes. La verdadera grandeza consiste en ser honrado, y esto se fundamenta en la propia estimación, en el frecuente examen de sí mismo y en la obediencia constante a la regla que se sabe hay que seguir. La experiencia demuestra, que llegamos a ser lo que nos hacemos a nosotros mismos; cada ser humano graba en sí mismo el sello de su verdadero valor, pues somos grandes o pequeños conforme a nuestra voluntad. Trabajemos por ser honrados, buenos y francos y poco a poco llegaremos a ser lo que deseamos y lo que antes era difícil, lo ira siendo cada vez menos. La actividad, la bondad, la benevolencia y la templanza crecen con el uso. Y lo que efectuaba antes con esfuerzo, se vuelve fácil y natural. Cualquiera que sea nuestra situación en la vida, el que posea y practiqué las cualidades más amables, lo soporte todo pacientemente, trate a los demás respetuosamente, muestre simpatía a los que están tristes y a los que sufren, y hace con todos lo que quisiera que hicieran con él mismo; ya que la cortesía no es sino el pago de la deuda del respeto de sí mismo. No digamos sino buenas palabras y no oremos sino buenos ecos.

San Francisco de Asís decía muy justamente.

"No sabes que la cortesía es una de las cualidades de Dios, que esparce la lluvia y el sol sobre el justo y el injusto en virtud de su gran cortesía".

Hasta en las cosas más pequeñas, son útiles los valores, pues éstos nos permiten aferrarnos a las buenas resoluciones y evitar mal pagar nuestras deudas; no vivir a expensas de los demás, hablar francamente o guardar silencio sobre lo que puede hacer daño a los demás; examinarnos a nosotros mismos y confesar nuestra ignorancia, admitir que nos hemos equivocado, descubrir nuestras faltas y mejorar nuestra conducta en cuanto sea posible. El valor moral puede hacer todas estas cosas, aunque a primera vista parecen llenas de dificultad. Sólo el cobarde ha nacido esclavo. La persona valerosa nace para aprender y aprende para vivir.

Cuando hace lo que es correcto y bueno, conquista el respeto de la humanidad, y cuando así no fuese, el hombre que cumple lealmente con su deber, puede dispensarse de los elogios del mundo.

DEMOCRACIA

Es el gobierno del pueblo y para el pueblo, que busca los beneficios comunes respetando la decisión de las mayorías sin olvidar los derechos de las minorías.

Principios de la democracia

Igualdad de los ciudadanos ante la ley.

Participación de todos los ciudadanos en el gobierno por medio del voto, el cual debe ser limpio.

LA FAMILIA

El hecho más contundente en nuestra vida es la familia. Es una realidad que nos acompaña toda la vida. La familia siempre está ahí, nacemos y morimos en familia, y en su seno construimos los elementos centrales de nuestra forma de ser.

Ella es la receptora de nuestras quejas y la responsable de nuestros éxitos y fracasos.

Se dice que la familia está en crisis, porque se perdieron los valores; los seres humanos no pueden vivir sin valores. Los valores se cambian o se transforman, pero no se pierden.

Siempre ha sido y será tema de reflexión en el hogar; sus miembros, y las relaciones entre ellos han cambiado, total y radicalmente, modificando de esta manera la forma de vida de cada uno de sus integrantes.

Los panoramas sociales, políticos, económicos, culturales y demográficos entre otros, han sufrido muchas alteraciones, los cuales han determinado la nueva realidad de la familia.

Cuando la familia está en crisis y a punto de desmembrarse, existe mayor tolerancia con las diversas formas de agruparse y es más valorada por los ciudadanos.

En la actualidad, hay muchas madres cabezas de hogar que se "matan" trabajando para dar lo mejor de sí a sus hijos para que sean alguien en la vida.

Hay hogares que siguen juntos tratando de superar todas las barreras para dar amor, comprensión y apoyo a sus hijos.

Es el núcleo fundamental de la sociedad. De la unión y la solidaridad de sus miembros depende el comportamiento en sociedad.

Decimos que la familia, forma nuestra personalidad y moldea nuestros pensamientos y sentimientos; ella nos hace sociables o rebeldes, solidarios o egoístas, por eso decimos que es la célula de nuestra sociedad, aún en estos momentos de crisis y conflictos, no tenemos conciencia de que una de las funciones primordiales de la familia es la formación de sujetos democráticos.

La vida en familia es la relación más natural, intuitiva y espontánea que podemos establecer. No aprendemos a vivir en familia en el tiempo en que vivimos en ella como hijos, ni cuando lo que queremos o no queremos reproducir en nuestra propia familia.

Ser padres o madres es el oficio más difícil, pero nadie nos enseña cómo hacerlo. Cuando se pierde el sentido de la vida en familia, se invaden los espacios privados o no se respetan sus tiempos, la relaciones familiares se vuelven conflictivas, y la unidad familiar queda sujeta a los vaivenes de los enfrentamientos entre la pareja o entre sus otros componentes. La conflictividad de la familia tiene su origen en la pérdida de la capacidad para manejar con equilibrio sus elementos constitutivos y las relaciones que se establecen entre sus miembros.

La violencia aparece cuando no hay forma pacífica para solucionar los conflictos respetando los principios de dignidad, responsabilidad, solidaridad y lealtad.

Se dice que la familia está en crisis porque se perdieron los valores; los seres humanos no pueden vivir sin valores. Los valores se cambian o se transforman, pero no se pierden.

Siempre ha sido y será tema de reflexión en el hogar; sus miembros y sus relaciones entre ellos han cambiado, total y radicalmente, modificando de esta manera la forma de vida de cada uno de sus integrantes.

Los panoramas sociales, políticos, económicos, culturales y demográficos entre otros, han sufrido muchas alteraciones, los cuales han determinado la nueva realidad de la familia.

Cuando la familia está en crisis y a punto de desmembrarse, existe mayor tolerancia con las diversas formas de agruparse y es más valorada por los ciudadanos.

E la actualidad hay muchas madres cabezas de hogar, que se "matan" trabajando para dar lo mejor de sí a sus hijos para que sean alguien en la vida.

Hay hogares que siguen juntos tratando de superar todas las barreras para dar amor, comprensión y apoyo a sus hijos.

Es el núcleo fundamental de la sociedad. De la unión y la solidaridad de sus miembros depende el comportamiento en sociedad.

Función básica de la familia:

Procreación del género humano.

Formación y educación de sus hijos para un buen desempeño en la sociedad.

SOCIEDAD

Es el conjunto de individuos o personas, que se unen bajo una misma autoridad, en busca del bien común.

Fines de la sociedad:

- Bienestar y progreso para todos.
- Participación de todos los individuos.
- Unión permanente y estable de cada uno de sus integrantes.

EL HOGAR

Es el lugar donde vive la familia; en este debe reinar el amor, la comprensión, el dialogo y el respeto.

LA NACIÓN

Es el conjunto formado por individuos, con una sociedad política, organizada y ubicada en un territorio propio. Si la nación posee un territorio propio y tiene independencia política, conservando su unidad y sus tradiciones, constituye una patria.

EL ESTADO

Es el conjunto de leyes e instituciones que organizan a una nación, para que pueda ser gobernada con respeto a la libertad y derechos del individuo. Es necesario que exista el estado para preservar la vida en sociedad.

LA PATRIA

Es el lugar donde hemos nacido, donde viven las familias amigas de la nuestra, unidas por vínculos de raza, costumbres, lengua, tradiciones; organizados por las mismas leyes, con deberes y derechos comunes; la patria es un sentimiento de apego o unión con todo esto.

LA SOBERANÍA

Es el derecho que tiene el estado de gobernarse a sí mismo sin interferencias de otro estado o gobierno.

EL TERRITORIO

Es el espacio físico perteneciente a una nación, con ubicación geográfica determinada por límites legalizados, por fronteras marítimas y terrestres. De común acuerdo con los países vecinos, incluye el plantón, el subsuelo y el espacio aéreo.

EL GOBIERNO

Es el conjunto de ciudadanos encargados de la administración del estado y hacer cumplir las leyes y políticas del mismo.

LAS LEYES

Están contenidas en la constitución de cada estado, encargada de organizar la patria y necesarias para el buen funcionamiento del estado.

LA POLÍTICA

Es el conjunto de actividades humanas que orientan el gobierno y la administración de los estados.

EL CIVISMO

Es el cariño, amor y celo que las personas tienen por su patria. El civismo debe estar dirigido a conocer, a mejorar y a defender las instituciones que forman la patria; como lo son la familia, la escuela, la ciudad, el Estado, la Bandera, el Escudo, y la humanidad misma.

OBLIGACIONES DEL SER HUMANO DERECHOS Y DEBERES

Los derechos del ser humano sin discriminación alguna son:

- Derecho a la vida.
- Derecho a la libertad.
- Derecho a escoger profesión u oficio.

- Derecho a formar familia.
- Derecho a tener bienes.
- Derecho a la igualdad.
- Derecho a ser protegido por el Estado.
- Derecho a la educación.
- Derecho al descanso.
- Derecho a gozar de un ambiente sano.

NUESTROS DEBERES

Así como todo ser humano tiene derecho para disfrutar, también tiene deberes que cumplir; donde termina un derecho comienza un deber. Algunos deberes del ser humano son:

- Deberes para con Dios: Amar a Dios sobre todas las cosas.
- Deberes para con nuestra familia y semejantes.
- Deberes para con nuestra patria.
- Deberes consigo mismo.

DERECHOS DEL NIÑO

Los derechos humanos promulgados por las Naciones Unidas también se extiende a los niños, por tanto todo menor de edad tiene derecho a:

- La vida.
- Integridad física.
- Salud y seguridad social.
- Alimentación equilibrada.
- Tener un nombre y nacionalidad.
- Tener una familia y no ser separado de ella.
- Al cuidado y amor.
- La educación y a la cultura.
- La recreación y la libre expresión de su opinión.
- No ser discriminado por causa de: raza, sexo, opinión, idioma, posición económica, religión, etcétera.

DEBERES PARA CON LA SOCIEDAD, LA PATRIA, LA FAMILIA Y LA ESCUELA:

- Respetar Los derechos de los demás.
- Trabajar para atender sus necesidades.
- Estar sujeto a la Constitución y a

las leyes.

- Respetar a las autoridades.
- Pagar los impuestos requeridos para el funcionamiento del estado
- Velar por el bien común.
- Respetar los símbolos patrios, como la bandera, escudo nacional, etc.

Deberes para con la familia. La familia es la reunión del padre, la madre y los hijos que viven en un mismo hogar. A nuestros padres les debemos la vida, ellos se desvelan por nosotros, por ello debemos amarlos, respetarlos y obedecerlos siempre; además nos educan, nos enseñan el camino del bien y nos protegen.

Nunca seamos ingratos respondiendo con groserías; debemos hacerlo siempre de buenas maneras; estar atentos siempre cuando necesite nuestra ayuda para brindarla con cariño, nunca los censuremos aunque un consejo le podemos dar.

A nuestros hermanos, debemos amarlos y ayudarlos mutuamente, no debe existir jamás envidia ni egoísmo, los hermanos mayores deben proteger y cuidar a los menores con cariño, respeto y obediencia.

En el hogar debe reinar el amor, la armonía y la comprensión.

Deberes escolares. La escuela es un santuario de virtud y de ciencia. Es nuestro segundo hogar. Los maestros son nuestros segundos padres y nuestros compañeros son nuestros hermanos dentro de la gran familia escolar.

Deberes cívicos. Nuestra patria, es la hermosa tierra en que hemos nacido. Patria, son nuestros símbolos benditos; son nuestras selvas, Ríos, calles y hogares.

Debemos amar a la patria, respetarla y servirla. Si se ama a la patria debemos respetar y cumplir las leyes, ser honrados en el cumplimiento de nuestras obligaciones, debemos respetar y obedecer las autoridades. Debemos rendir culto a nuestros héroes, que ofrecieron su vida para darnos una patria libre. No debemos ultrajar los símbolos patrios, que son sagrados.

¿Qué es un líder? Es una persona cuya tarea consiste en conseguir que otros hagan algo y direccionarlos por el buen camino.

¿De dónde procede el poder del líder? Procede de las personas que lo originen y de la organización a la que sirve.

CARACTERÍSTICAS DE UN LÍDER

- Posee capacidad para resolver situaciones.
- Posee más conocimiento sobre el tema, que aquellos a quien dirigirá.
- La gente confía en él.
- Posee capacidad de acción.
- Posee confianza en sí mismo.
- Posee capacidad de aceptación.
- Capacidad para ejercer influencia, control, poder y autoridad.
- Integración y equilibrio de la personalidad.

Funciones de un líder:

- Influir en los demás miembros.
- Establecer canales de información y comunicación.
- Orientar.

Mujer. La mujer juega un papel importante en nuestra sociedad es ella la llamada a la formación del hogar, es ella quien desde su seno transmite a sus hijos el amor y el respeto por el otro, la colaboración, la participación y la aceptación de los demás.

La belleza de la mujer consiste en la ternura, la sinceridad, la veracidad, el honor en su trato, la deferencia hacia los demás, el sentido de la responsabilidad y la de las costumbres personales refinadas, lo que le presta sus mayores encantos. La belleza no es esencial; el sentimiento de las formas desaparece en la rutina ordinaria de la vida doméstica.

Pero el amor, la dulzura, la alegría, son los eslabones que unen a la familia y a la sociedad.

La mujer que trabaja puede, ejercer su señorío con dignidad y no necesita estar con desahogo, ni mucho menos aún, ociosa y bien vestida con ostentación, porque éstos no son atributos del señorío.

Pero la mujer cortés, ordenada, paciente, trabajadora, que se ocupa en el conveniente empleo de los medios de que dispone, y que al mismo tiempo ofrece a su familia un inteligente y digno ejemplo, tiene prácticamente más que hacer, y facultades más agradables que ejercitar; que su esposo, que gana el pan cotidiano.

Las madres, más que los padres, tienen que atender a la formación de una infancia feliz y de una humanidad heroica; son también las encargadas de moldear y cultivar esas cualidades y hacer de sus hijos personas dignas.

Confiabilidad. Las personas que mas valen son las más confiables sólo debemos confiar en quien no sea capaz de traicionarnos, en quien no dirá nuestros secretos ni hablará mal de nosotros. Los años nos enseñan esto.

¿Cómo nos damos cuenta que una persona es confiable? Muy sencillo, jamás cuenta asuntos negativos y no accede, ni por excepción a decirnos los secretos de los demás. Es así de fácil, cuando alguien aprovecha toda oportunidad para difundir los errores y tropiezos de un conocido, cuando lo vemos quejarse de todo y por tanto cuando nos propone acciones que perjudican a alguien más, estamos frente a una persona poco confiable. Sera tu amigo solo mientras le sirvas para algo y que hablara mal de ti a tus espaldas.

Positivismo. Las personas que mas valen son positivas, aunque les vaya mal y el ambiente sea hostil, siguen optimistas, bromeando y con deseos de seguir luchando, las personas positivas no desertan; se caen pero se levantan una y otra vez hasta lograr su anhelo. Piensen mal de los demás y muy pronto van a pensar mal de ustedes, por el contrario piensen sinceramente bien de alguien, busquen sus cualidades y aprendan a quererlo y verán como esa persona terminara queriéndola.

Todos poseemos cosas buenas y cosas malas. Ser positivo es buscar lo bueno de todo, no dejarse influenciar por las opiniones corrosivas de los demás.

Generosidad. Las personas que más valen son generosas.

Constantemente ayudan a otras a que haya el equilibrio entre dar y tener, la gente detallista es estimada, así como los egoístas mezquinos son aborrecidos.

Piensen en aquel familiar, tío, tía, padre, madre, abuelo (a), amigo (a), que siempre le pueden brindar ayuda.

Todos tienen que agradecerle; alrededor de la gente buena guían familias enteras, cuando ellos fallecen, muchas vidas se afectan porque eran fuente de amor y bondad de la que otros se nutrían.

Vean los negocios que prosperan y siempre tienen algo adicional, una ganancia para el cliente. Proporcionan servicio real, trabajar más de lo que estipula el contrato, en ocasiones puede parecer injusto, pero quien lo hace resulta doblemente beneficiado.

LA CALIDAD HUMANA LA POSEE QUIEN TIENE EL PLACER DE SERVIR

BIBLIOGRAFÍA

- Urbanidad de Carreño.
- Duque, Linares Jorge.
  Proyecto de Vida.
- Ariza, Vivero Rafaela.
  Mi Experiencia en el aula de Clases.
  Y
  Vivencias, charlas y seminarios
  de Inteligencia Emocional.

REFLEXION FINAL

Esta es la experiencia vivida en la Academia General Gustavo Rojas Pinilla, donde el ambiente estudiantil tiene diversidad de comportamientos y mi labor como psicorientadora me permitía descubrir el porqué de algunos de ellos, me fascina investigar todo lo que tiene que ver con el comportamiento humano y ayudar a las personas a conocerse un poco, creando interés por si mismos, que descubran sus sentimientos, sus emociones y valores para lograr un cambio positivo que nos conduzca a la paz tan anhelada por todos, me atreví a incursionar en la experiencia más fascinante que alguien como yo lleva la pedagogía en la sangre porque no soy maestra. No puedo negar el miedo que me produjo la propuesta de su directiva de dictar las clases de ética y religión, mi temor no era infundado pues nunca había estado sometida a la disciplina de cumplir con un horario de clases con todo el rigor militar y la preparación de las mismas; pero ya era un hecho, la profesora había renunciado por motivos de salud y era difícil que los alumnos se adaptaran a alguien nuevo en áreas tan importantes, me había ganado el respeto y el afecto de los estudiantes, yo era entonces una buena opción. Así es que acepte contando con la asesoría del rector académico profesor Herminio Pérez. La experiencia fue maravillosa y contradictoria porque mi método fue diferente al tradicional, me valí de los conocimientos que poseo como trabajadora social, la intuición de madre, la psicología que manejo en mis consejerías y la motivación que practico hace algunos años a través de mis seminarios, talleres y charlas.

Al principio esa empatía que manejaba como psicorientadora fue un obstáculo porque ellos se sentían descubiertos tal parecía que les leía el pensamiento y muchos me decían "**usted es bruja**", es que aprendí a conocerlos y así los corregía, me involucre tanto con ellos que cuando sospechaba que no querían dar clases: por cansancio, calor o hambre, los sacaba del salón y jugaba con ellos a través de dinámicas grupales o individuales en donde los hacía reflexionar sobre sus valores, sus actitudes y autoestima, lo que chocaba con algunos profesores que no entendían que era un método que me valía para no perder la clase; estas dinámicas los obligaban realmente a pensar, para conducirlos hacia ese cambio positivo del que hable al principio; por medio de este escrito quiero manifestar a los padres, mi experiencia, mostrar los diversos comportamientos y por qué no dar una luz de esperanza de que **si es posible inculcar los valores** ya que nuestros hijos son inteligentes y creativos; y solo con paciencia y amor podemos lograr que sean personas de bien que es lo que nuestro país necesita.

Ya que desde la casa y el colegio debemos enseñarlos a vivir, si todos los maestros y padres unificados criterios le entregaremos al mundo hombres y mujeres auténticos.

Si logramos que los niños y jóvenes sean amables, humildes, alegres, prudentes, moderados, solidarios y con buen sentido del humor, podremos estar seguros que aprenderán a vivir en paz con ellos mismos y con los demás y estarán listos para tener éxito y así estaremos logrando la convivencia pacífica.

DATOS DEL AUTOR

Rafaela del Carmen Ariza Vivero, nació en Bogotá el 15 de agosto de 1956; realizó sus estudios de básica primaria y secundaria en Santafé de Bogotá, curso 3 semestres de Derecho, posteriormente se trasladó a la ciudad de Montería en donde estudió Trabajo Social a nivel técnico intermedio profesional en la Corporación Educativa Superior de Córdoba (CESCO) actualmente universidad del sinú.

Vinculada a la Acción comunal de la cual fue elegida reina a nivel departamental por su trabajo en beneficio de la comunidad y una monografía sobre el papel que desempeña el trabajador social en el desarrollo de la comunidad.

Coordinadora de la primera jornada Ecológica a nivel de la costa Atlántica (1983), perteneció al (**CEEC**) Centro de estudios ecológicos de Córdoba, desde entonces desempeña diferentes cargos que están encaminados al mejoramiento del comportamiento humano.

Primera trabajadora Social de las Empresas públicas municipales de Montería, miembro de la Junta Directiva de las empresas públicas en representación del concejo (1985). Instructora en el Sena (2002): Conferencista de actitud positiva y filosofía de la motivación. Conferencias y charlas para Saludcoop sobre inteligencia emocional en las secciones de Córdoba y sucre año 2002.

Psicoorientadora de la Academia General Gustavo Rojas Pinilla 2003, gestora de la Campaña buen alimento mental para incentivar los valores; fundadora de "Un corazón contigo por amor pide un deseo" alegría para niños enfermos. Miembro del consejo directivo de la Academia Militar Gustavo Rojas Pinilla 2002 y 2003.

Miembro de la Fundación Acción Social, voluntaria de la clínica del afecto y es Docente en las áreas de ética y religión.

Dedicada a la filosofía de la motivación y actitud positiva, seminarios y conferencias. Facilitadora de programas alternativos a la violencia y sanidad del trauma hace 6 años, con realización y ejecución del proyecto Cultura Ciudadana al Rescate de los Valores.

Actualmente se desempeña como Trabajadora Social de la Fundación Tiempo Nuevo en el sistema de responsabilidad penal en el internamiento preventivo con adolescentes. Así mismo su programa televisivo social en el que se desarrollan temas de crecimiento personal para un mejor vivir.

Se ha destacado por su labor altruista en beneficio de las comunidades menos favorecidas, con capacidad de adaptación en cualquier medio social y cultura donde se requiera ayuda humanitaria.